Niños en la Tierra

Aventuras de vida Silvestre - Explora el Mundo
Tortoise - Ecuador

Sensei Paul David

Página De Derechos De Autor

SENSEI PUBLISHING

It's A Great Day To Be Alive!

www.senseipublishing.com

@senseipublishing
#senseipublishing

Synopsis

Este divertido y educativo libro explora el fascinante mundo de la tortuga ecuatoriana. A través de emocionantes datos e ilustraciones coloridas, los niños aprenderán todo acerca de estos animales increíbles y los increíbles hábitats en los que viven. Desde su dieta y comportamiento hasta las adaptaciones únicas que han evolucionado a lo largo de millones de años, este libro ofrecerá una mirada profunda a las fascinantes vidas de estas majestuosas criaturas. Desde las selvas del Amazonas hasta las tierras altas de los Andes, la tortuga ecuatoriana ha aprendido a sobrevivir en diferentes climas. Con datos divertidos e ilustraciones coloridas, ¡este libro será un éxito entre niños de todas las edades!

¡Obtenga nuestros libros GRATIS ahora!

kidsonearth.life

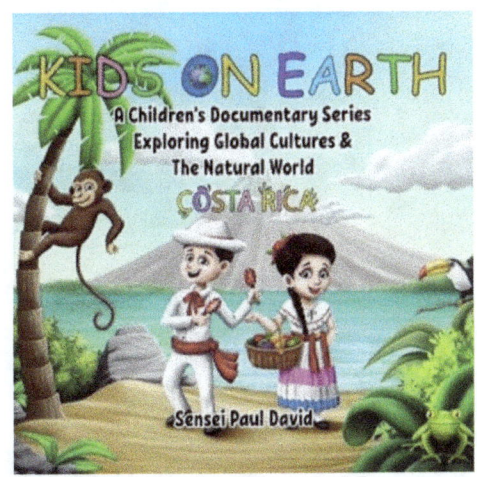

kidsonearth.world

Haga clic a continuación o busque en Amazon otro libro de cada serie o visite:

Únete a nuestro viaje editorial!

Si desea recibir LIBROS GRATIS FUTUROS,Y conocernos mejor,Por favor, haga clic en el enlace www.senseipublishing.com Y únete a nuestro boletín ingresando tu dirección de correo electrónico en la caja emergente.

Sigue nuestro blog: senseipauldavid.ca

Sigue/Me gusta/Suscribirse: Facebook, Instagram, YouTube: @senseipublishing

Escanee el código QR con su teléfono o tableta

para seguirnos en las redes sociales: Me gusta / Suscríbete / Síguenos

Introducción

¡Bienvenido al maravilloso mundo de la tortuga ecuatoriana! Estas increíbles criaturas han existido desde la época de los dinosaurios y todavía prosperan en la actualidad. Este divertido y educativo libro ayudará a los niños a aprender todo sobre estos animales increíbles y los sorprendentes hábitats en los que viven. Desde su dieta y comportamiento hasta las adaptaciones únicas que han evolucionado a lo largo de millones de años, este libro proporcionará una mirada detallada a las fascinantes vidas de estas majestuosas criaturas. Desde las selvas del Amazonas hasta las tierras altas de los Andes, la tortuga ecuatoriana ha aprendido a sobrevivir en muchos climas diferentes. Con datos emocionantes e ilustraciones coloridas, ¡este libro será un éxito con niños de todas las edades!

Las tortugas ecuatorianas son una de las especies más antiguas de tortugas en el mundo, que datan de la era de los dinosaurios.

Pueden vivir hasta 150 años o más en estado salvaje.

Estas tortugas se encuentran en los bosques tropicales, praderas y zonas montañosas de Ecuador.

Son omnívoras y se alimentan de una variedad de plantas
e insectos.

Estas tortugas tienen un alto nivel de camuflaje, lo que les ayuda a mezclarse con su entorno.

Son animales solitarios, prefiriendo vivir solos o en pequeños grupos.

La tortuga ecuatoriana es una especie en peligro debido a la pérdida de su hábitat y la caza furtiva.

Son una de las pocas especies de tortugas que viven tanto en el agua como en tierra.

La tortuga ecuatoriana tiene un cuello extremadamente largo que puede estirar hasta dos pies.

También pueden retraer su cabeza y cuello dentro de su caparazón cuando se sienten amenazados.

Estas tortugas son excelentes escaladoras e incluso pueden trepar a árboles si es necesario.

Normalmente son activas durante el día y duermen por la noche.

La tortuga ecuatoriana es un animal de movimiento lento y puede viajar hasta tres millas por hora.

Utilizan sus largas garras para excavar madrigueras y trepar a árboles.

No son territoriales y a menudo se les ve compartiendo sus madrigueras con otros animales.

La tortuga ecuatoriana puede vivir en una variedad de hábitats, desde tierras bajas hasta las alturas de los Andes.

Son principalmente herbívoras, pero a veces comen pequeños animales como insectos y gusanos.

Estas tortugas pueden vivir en temperaturas que van desde los 50 hasta los 95 grados Fahrenheit.

Se cree que la tortuga ecuatoriana es un símbolo de longevidad y sabiduría en algunas culturas.

Las hembras ponen entre dos y cinco huevos por nido.

Los polluelos son independientes desde el momento en que emergen de sus huevos.

Se sabe que la tortuga ecuatoriana tiene una larga vida en cautiverio, hasta 200 años.

Se comunican entre sí a través de vocalizaciones.

Tienen un sentido del olfato muy pobre, pero su visión es muy buena.

Estas tortugas pueden recorrer hasta 20 millas en un solo día.

La tortuga ecuatoriana es una mascota popular y se puede encontrar en muchas tiendas de mascotas.

También se utilizan en la medicina tradicional en algunas culturas.

La tortuga ecuatoriana puede vivir tanto en hábitats de agua salada como dulce.

Son activas durante todo el año y hibernan en los meses de invierno.

La tortuga ecuatoriana es una parte importante del ecosistema, ayudando a dispersar semillas y nutrientes en el suelo.

Conclusión

La tortuga ecuatoriana es una criatura increíble y única que ha existido durante millones de años. Son parte de la rica biodiversidad de Ecuador y son una parte importante del ecosistema. Desde su dieta y comportamiento hasta sus adaptaciones únicas, este libro ha proporcionado un acercamiento detallado a las fascinantes vidas de estas majestuosas criaturas. Con datos divertidos e ilustraciones coloridas, este libro seguramente será un éxito entre los niños de todas las edades.

Gracias por leer este libro!

Si encontraste este libro útil, estaría agradecido si publicaras una reseña honesta en Amazon para que este libro pueda llegar y ayudar a otras personas.

Todo lo que necesitas hacer es visitar amazon.com/author/senseipauldavid Haga clic en la portada correcta del libro y haga clic en el enlace azul junto a las estrellas amarillas que dice "reseñas de clientes"

Como siempre...

Es un gran día para estar vivo!

¡Comparta nuestros libros electrónicos GRATIS ahora!

kidsonearth.life

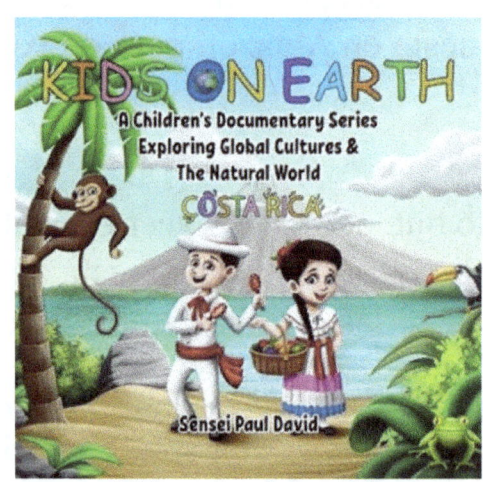

kidsonearth.world

Haga clic a continuación o busque en Amazon otro libro de cada serie o visite:

www.amazon.com/author/senseipauldavid

www.senseipublishing.com

@senseipublishing
#senseipublishing

Mira nuestras **recomendaciones** para otros libros para adultos y niños, además de otros grandes recursos visitando.

www.senseipublishing.com/resources/

Únete a nuestro viaje editorial!

Si desea recibir LIBROS GRATIS, ofertas especiales, visite por favor.

www.senseipublishing.com Y únete a nuestro boletín ingresando tu dirección de correo electrónico en la caja emergente

Sigue nuestro atractivo blog AHORA!

senseipauldavid.ca

Consigue nuestros libros GRATIS hoy!

Haz clic y comparte los enlaces a continuación

Libros gratis para niños

lifeofbailey.com

kidsonearth.world

Libro de auto-desarrollo GRATIS

senseiselfdevelopment.senseipublishing.com

BONO GRATIS!!!

Experimenta más de 25 meditaciones guiadas gratuitas y entretenidas!

Habilidades y prácticas preciadas para adultos y niños. Ayuda a restaurar el sueño profundo, reducir el estrés, mejorar la postura, navegar la incertidumbre y más.

Descargue la aplicación gratuita Insight Timer y haga clic en el enlace a continuación:
http://insig.ht/sensei_paul

Si te gustan estas meditaciones y quieres profundizar, envíame un correo electrónico para una sesión de coaching en vivo GRATIS de 30 minutos:
senseipauldavid@senseipublishing.com

Acerca de Sensei Publishing

Sensei Publishing se compromete a ayudar a las personas de todas las edades a transformarse en mejores versiones de sí mismas proporcionando libros de autodesarrollo de alta calidad y basados en investigaciones con énfasis en la salud mental y meditaciones guiadas. Sensei Publishing ofrece libros electrónicos, audiolibros, libros de bolsillo y cursos en línea bien escritos que simplifican temas complicados pero prácticos en línea con su misión de inspirar a las personas hacia una transformación positiva.

Es un gran día para estar vivo!

Sobre el autor

Creo libros electrónicos y meditaciones guiadas simples y transformadoras para adultos y niños, probadas para ayudar a navegar la incertidumbre, resolver problemas específicos y acercar a las familias.

Soy un ex gerente de proyectos financieros, piloto privado, instructor de jiu-jitsu, músico y ex entrenador de fitness de la Universidad de Toronto. Prefiero un enfoque basado en la ciencia para enfocarme en estas y otras áreas de mi vida para mantenerme humilde y hambriento de evolucionar. Espero que disfrutes mi trabajo y me encantaría escuchar tus comentarios.

- Es un gran día para estar vivo!
Sensei Paul David

Escanea y sigue/me gusta/suscribete: Facebook, Instagram, YouTube: @senseipublishing

Escanea con la cámara de tu teléfono/iPad para las redes sociales

Visítanos www.senseipublishing.com Y regístrate a nuestro boletín para aprender más sobre nuestros emocionantes libros y para experimentar nuestras Meditaciones Guiadas GRATIS para Niños y Adultos.

www.ingramcontent.com/pod-product-compliance
Lightning Source LLC
Chambersburg PA
CBHW082350170526
45270CB00034B/507